0

1

2

3

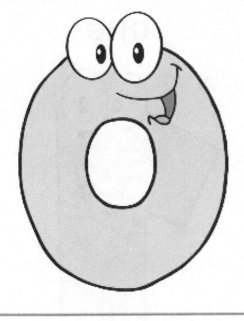

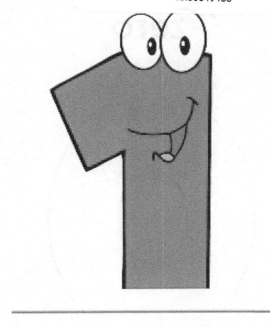

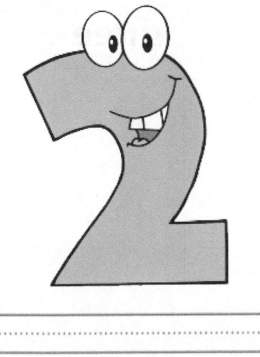

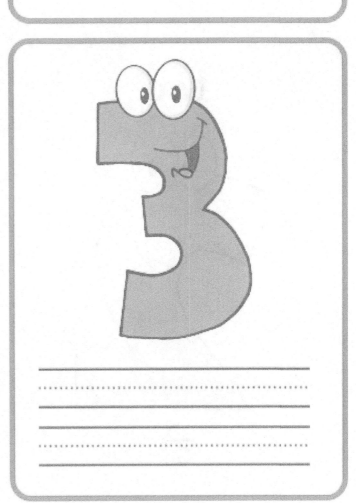

zero
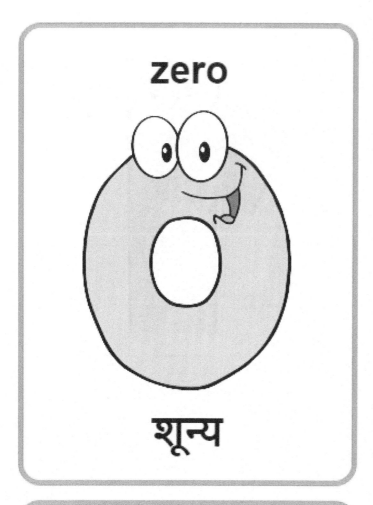
शून्य

one

एक

two

दो

three

तीन

4

5

6

7

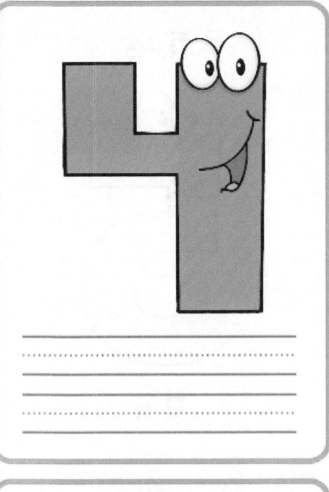

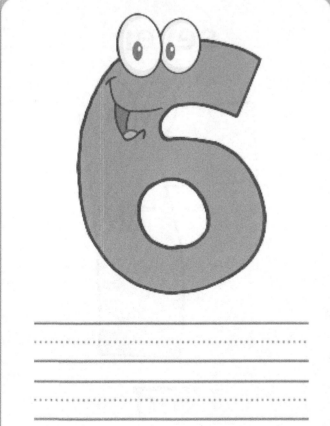

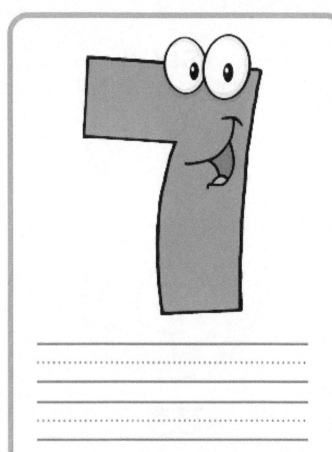

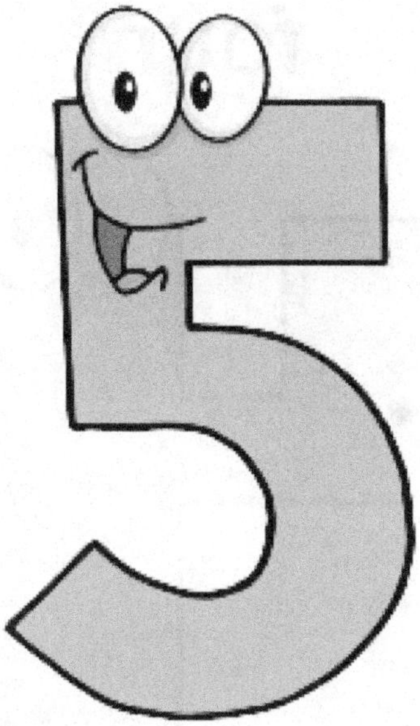

four

चार

five

पंज

six

छह

seven

सात

8

9

10

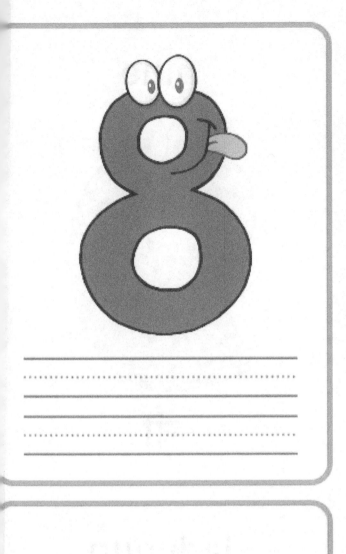

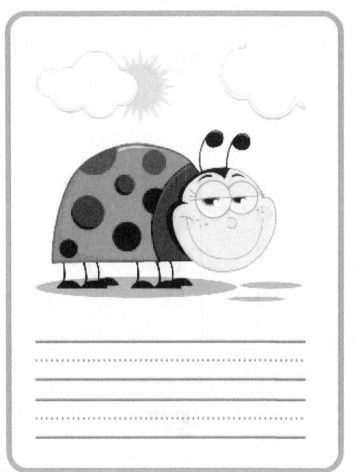

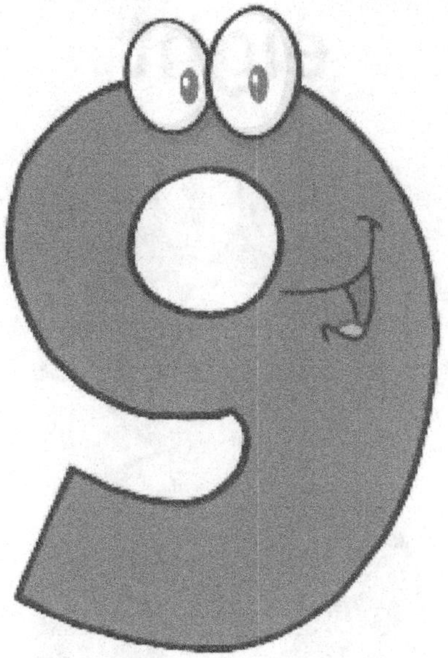

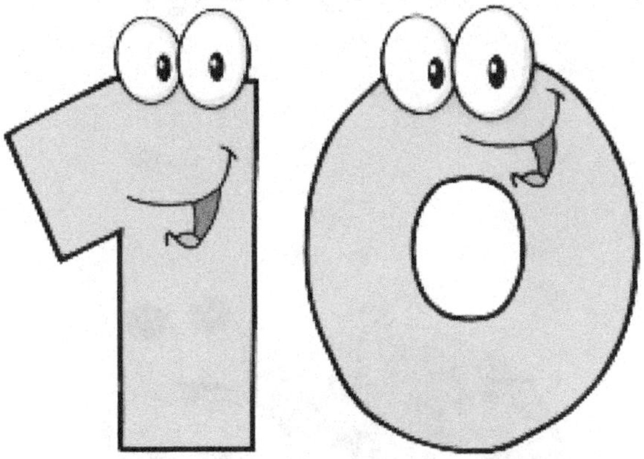

eight

आठ

nine

नौ

ten

दस

ladybug

एक प्रकार का गुबरैला

monkey

बंदर

sleeping

सोया हुआ

octopus

ऑक्टोपस

pan

कड़ाही

bee  मधुमक्खी	**rabbit**  खरगोश
shark  शार्क	**tiger**  बाघ

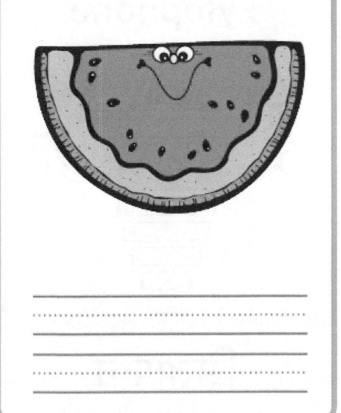

unicorn

एक तंगावाला

vase

फूलदान

watermelon

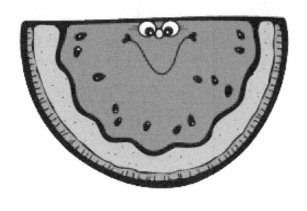

तरबूज

xylophone

सिलाफ़न

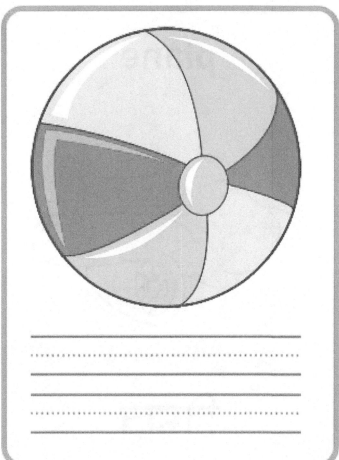

yak

याक

zebra

ज़ेबरा

plane

विमान

ball
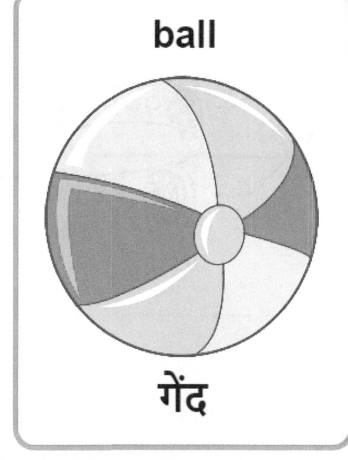
गेंद

car

गाड़ी

egg

अंडा

flag

झंडा

giraffe

जिराफ़

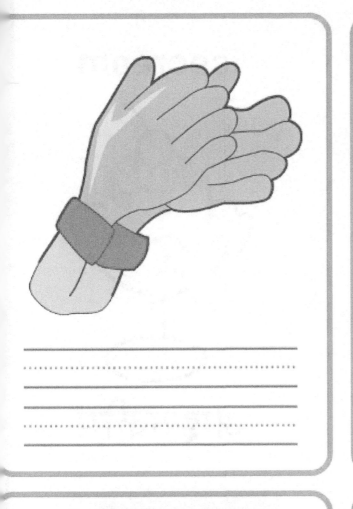

....
....
....

....
....
....

....
....
....

....
....
....

hand 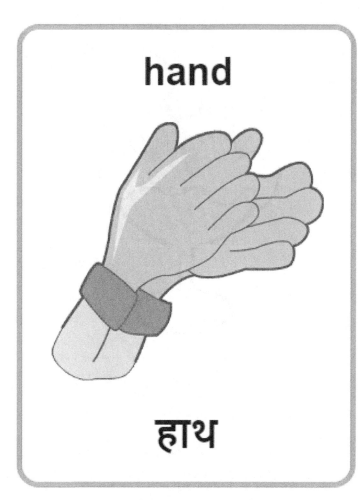 हाथ	icecream  आइसक्रीम
jam  जाम	kangaroo  कंगेरू

LOOK!

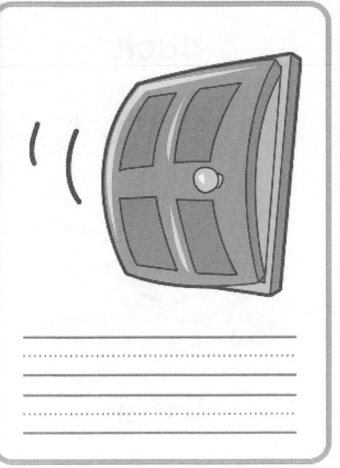

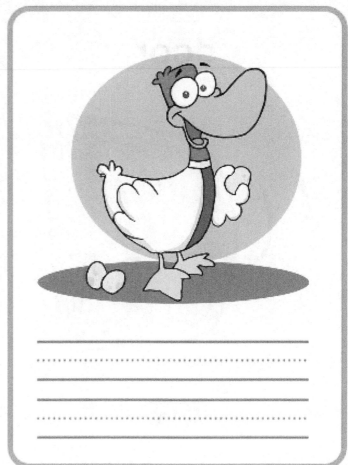

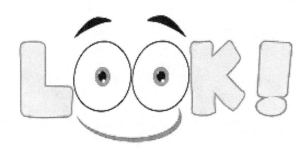

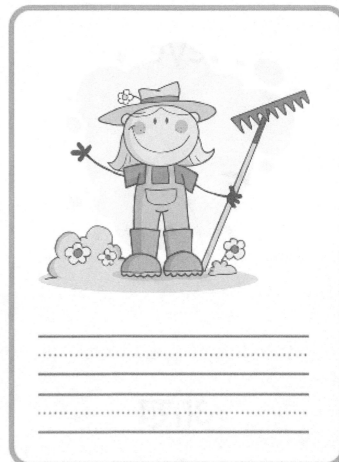

door

द्वार

duck

बत्तख

eye

आंख

farmer

किसान

....
....
....

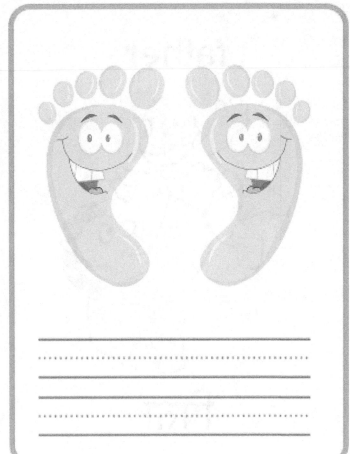

....
....
....

....
....
....

....
....
....

father

पिता

foot

पैर

fire

आग

fish

मछली

flower

फूल

girl

लड़की

goodbye

अलविदा

goat

बकरा

groundhog

ग्राउंडहॉग

friend

मित्र

snail

घोंघा

home

होम

horse

घोड़ा

cat

बिल्ली

leg

टांग

man

आदमी

MILK

10
10

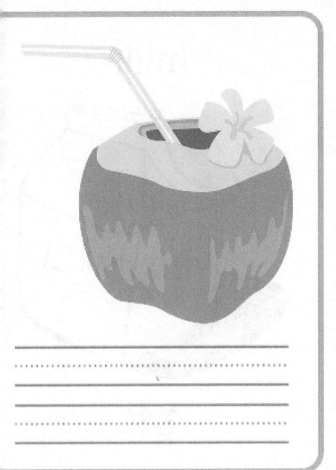

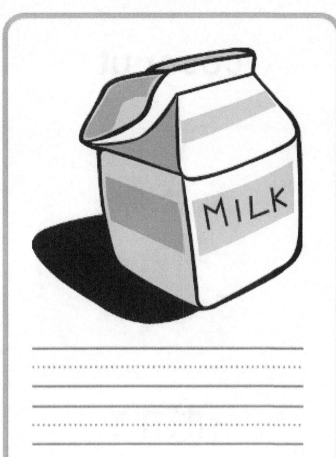

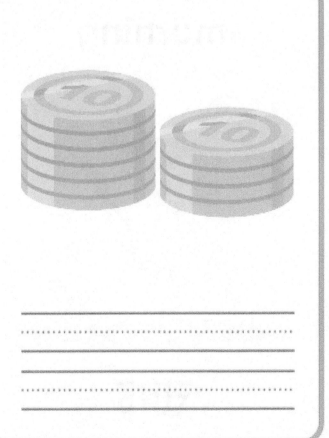

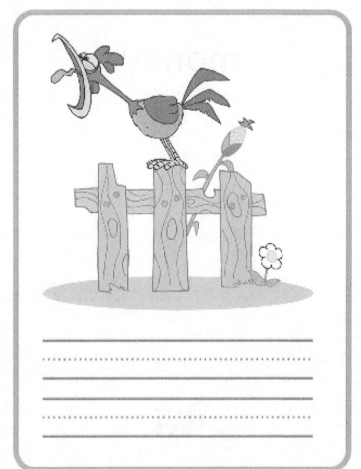

coconut

नारियल

milk

दूध

money

पैसे

morning

सुबह

mother  मां	**bird's nest**  चिड़िया का घोंसला
moon  चांद	**paper**  कागज़

gift

उपहार

pig

सूअर

rain

बारिश

ring

अंगूठी

SCHOOL

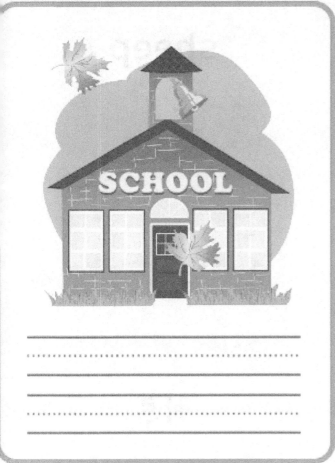

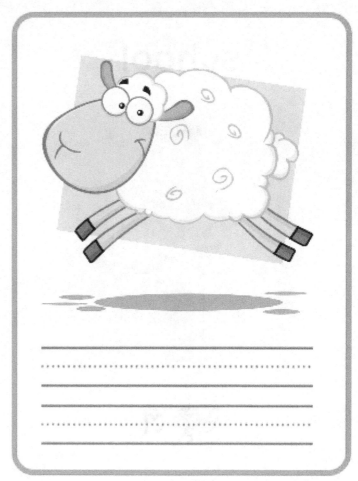

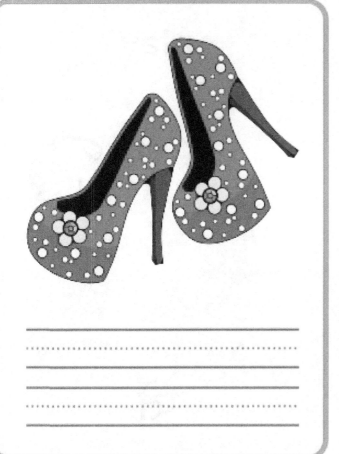

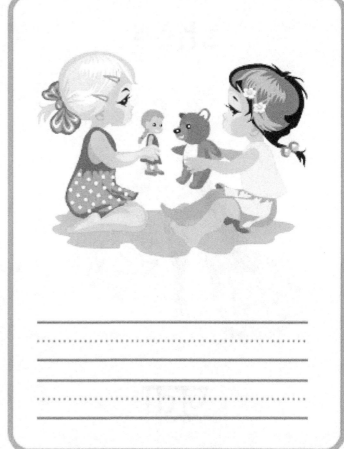

school	sheep
 स्कूल	भेड़

shoe	play
 जूता	 प्ले

snow

हिमपात

snake

साँप

squirrel

गिलहरी

van

वैन

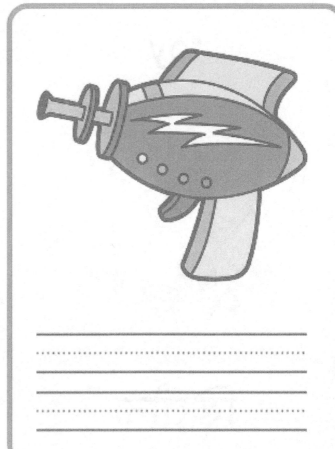

sun  रवि	**comb** 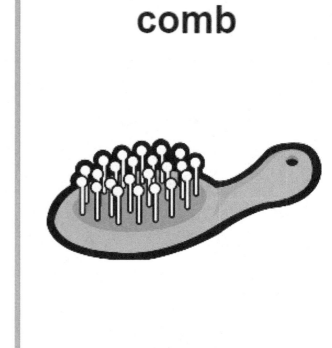 कंघी
toy  खिलौना	**gun**  बंदूक

tree	water

पेड़	पानी

wind	window

हवा	खिड़की

....
_____
....

....
_____
....

....
_____
....

....
_____
....

alligator

मगर

bag

बैग

cake

केक

dog

कुत्ता

....

....

....

....

fall

गिरना

hedgehog

कांटेदार जंगली चूहा

jug

सुराही

orange

नारंगी

bird	ram

चिड़िया	राम

umbrella	volcano

छाता	ज्वर भाता

worm

कीड़ा

yarn

धागा

zipper

ज़िपर

ant

चींटी

baby
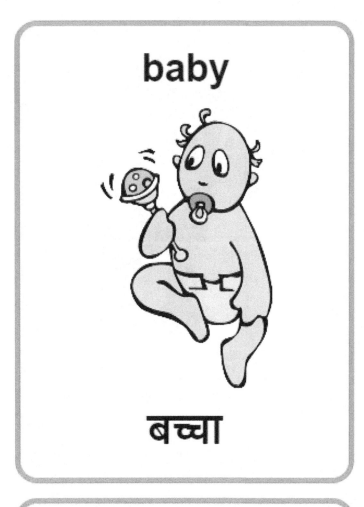
बच्चा

deer

हिरन

elephant

हाथी

hen

मुर्गी

jump

छलांग

king

राजा

lion

शेर

frog

मेढक

owl

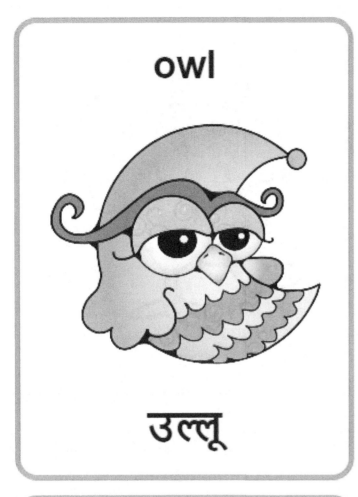

उल्लू

rooster

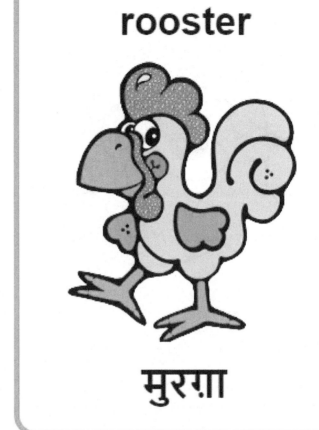

मुरग़ा

turkey

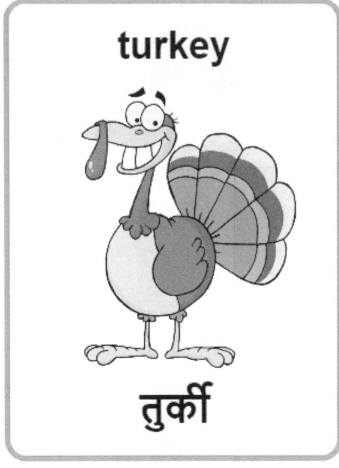

तुर्की

violin

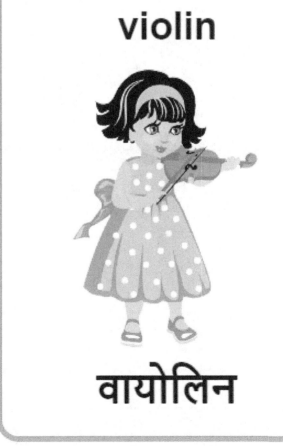

वायोलिन

Yogurt

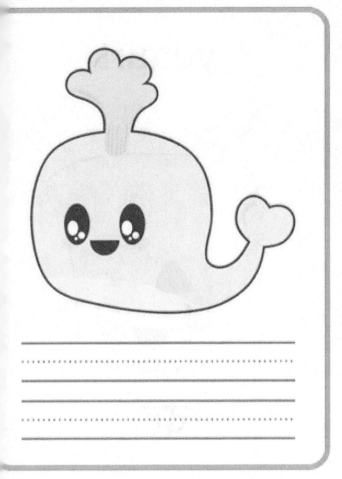

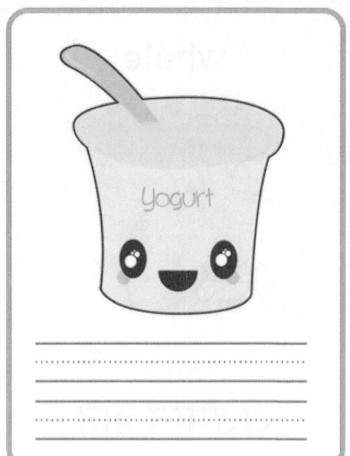

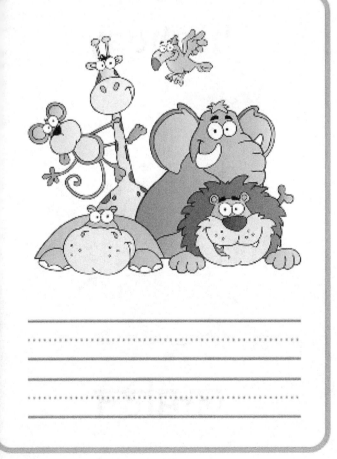

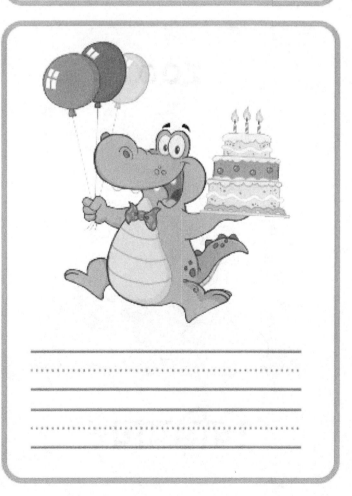

whale

असमान बात

yogurt

दही

zoo

चिड़ियाघर

birthday

जन्मदिन

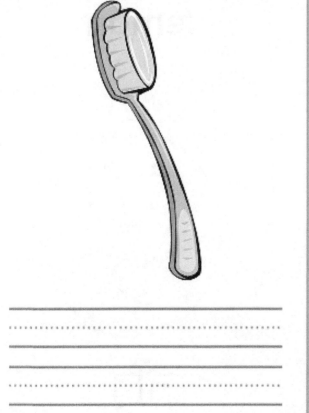

chicken	jet
 मुर्गी	 जेट
toothbrush	lemon
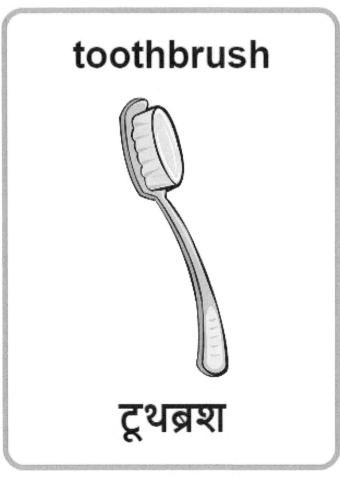 टूथब्रश	 नींबू

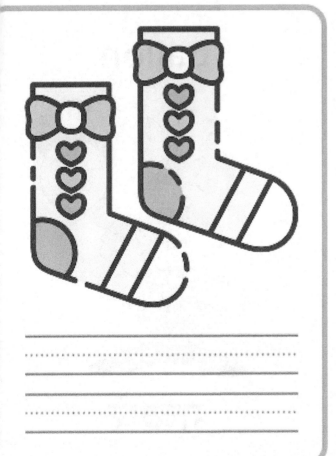

pear	queen

नाशपाती	रानी

socks	ballon
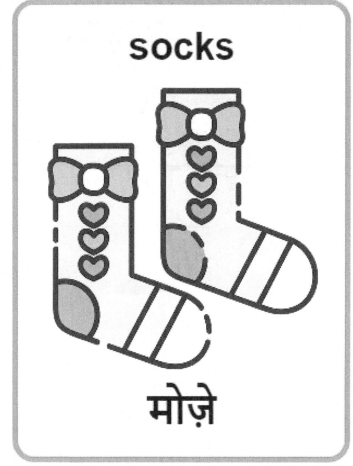	
मोज़े	गुब्बारे

bed

बिस्तर

bell
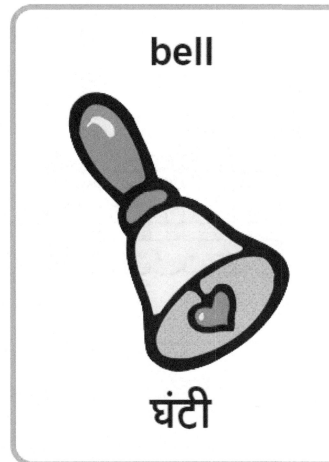
घंटी

boat

नाव

box

डिब्बा

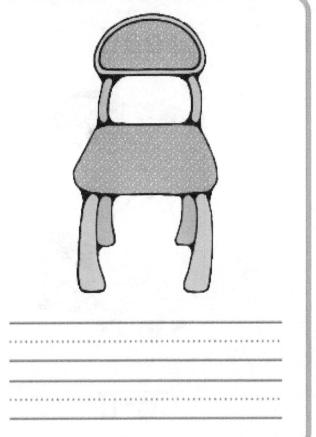

baseball

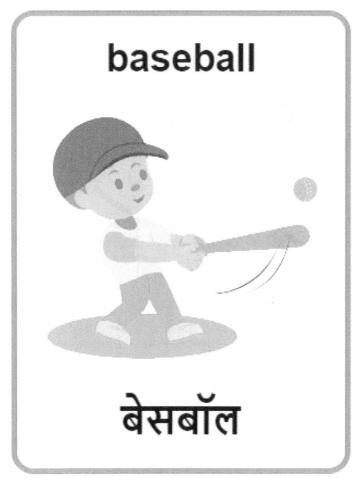

बेसबॉल

bread

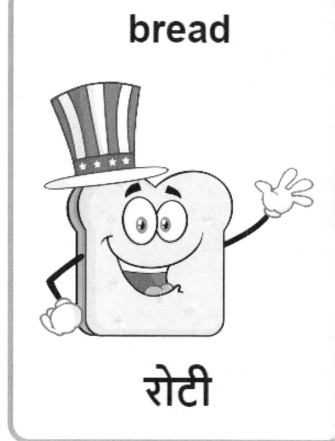

रोटी

chair

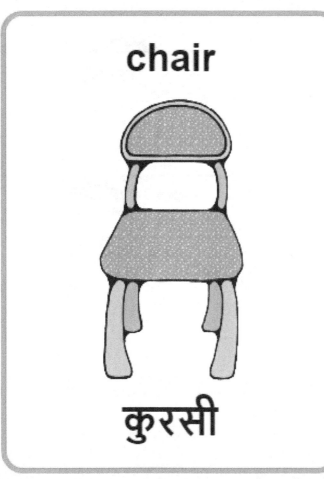

कुरसी

read

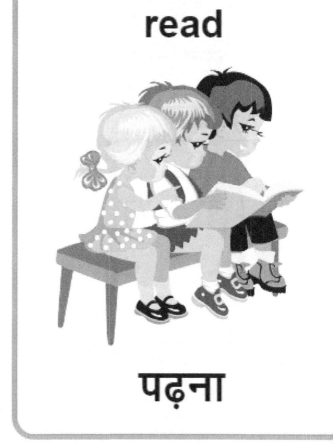

पढ़ना

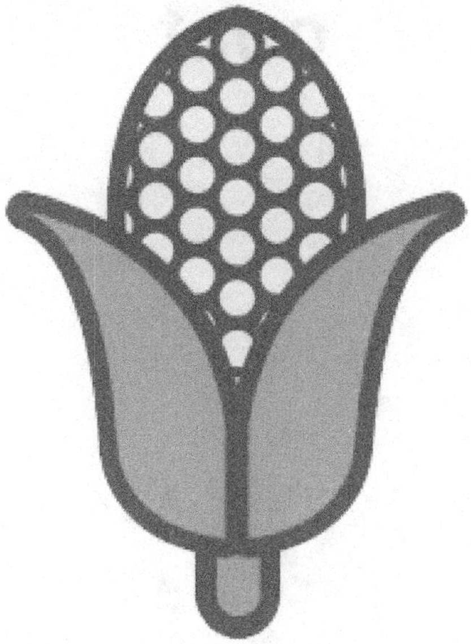

....
_____
....
_____

....
_____
....
_____

....
_____
....
_____

....
_____
....
_____

coat

कोट

corn

मक्का

cow

गाय

doll

गुड़िया

50%

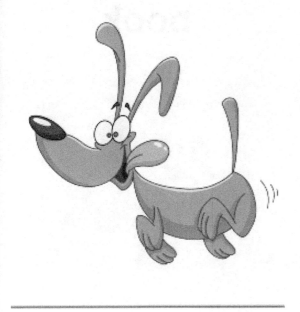

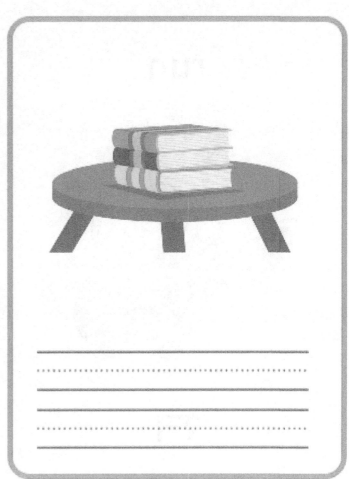

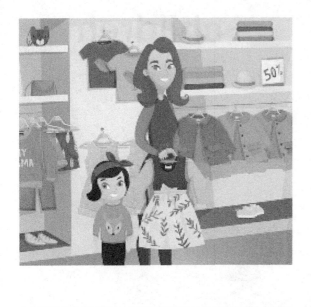

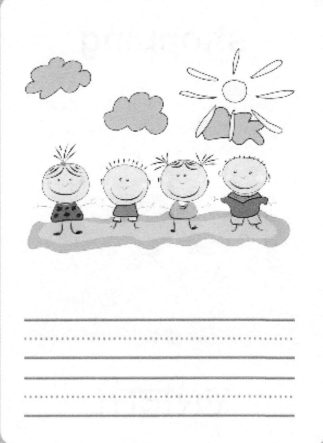

run

रन

book

किताब

shopping

खरीदारी

children

बच्चे

....
_____
....
_____

....
_____
....
_____

....
_____
....
_____

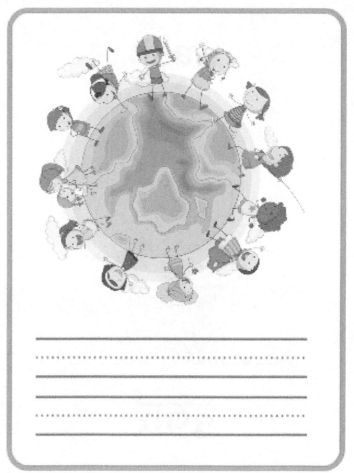

....
_____
....
_____

shower

शावर

walk

टहल लो

wash

धुलाई

earth

पृथ्वी

Bye.

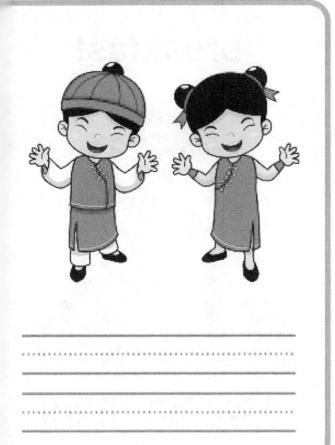

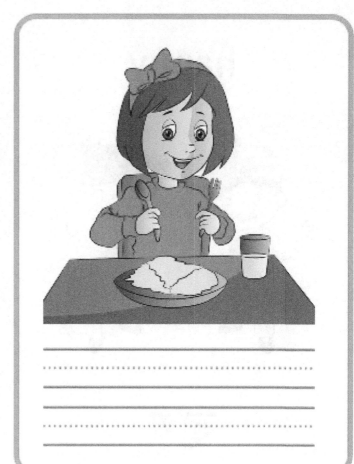

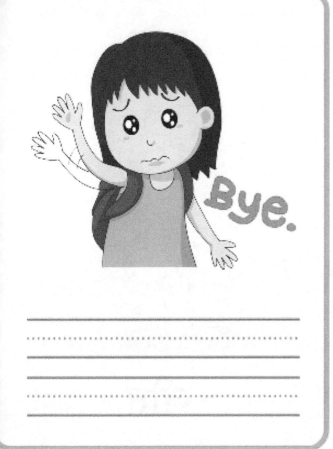

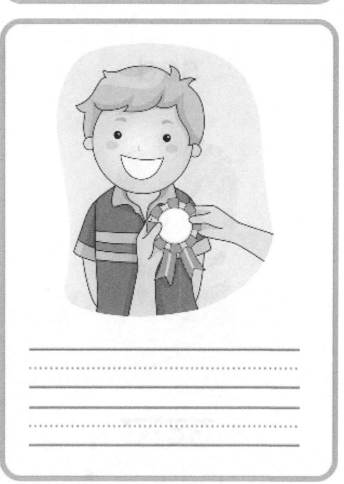

happy

खुश

breakfast

सुबह का नाश्ता

sad

उदास

win

जीत

apple	cooking

सेब	खाना बनाना

singing	night

गायन	रात

1+1=2
2+2=4

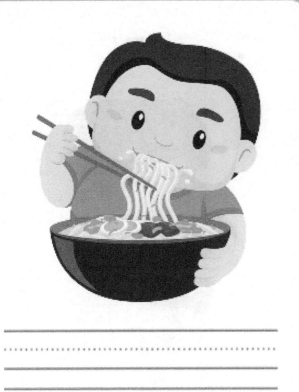

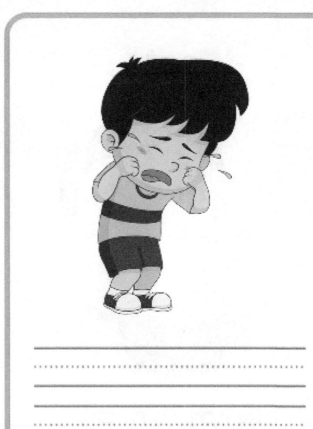

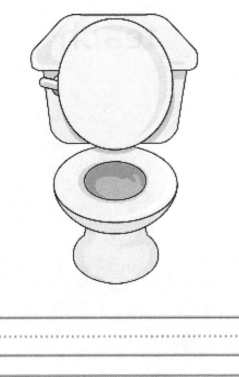

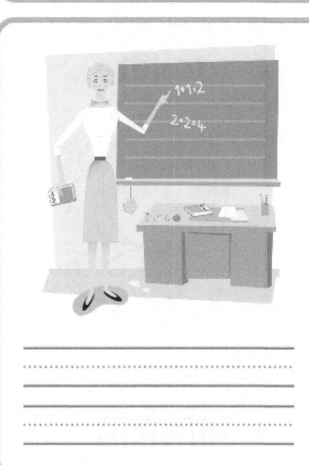

eat	cry

खाना खा लो	रोना

toilet	teach
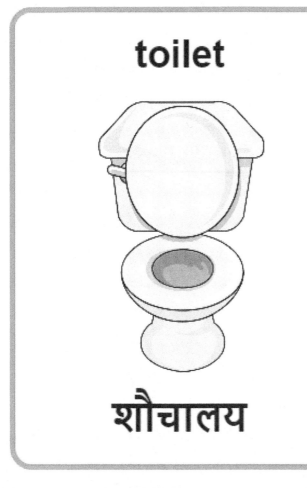	
शौचालय	सिखाना

TOOTHPASTE

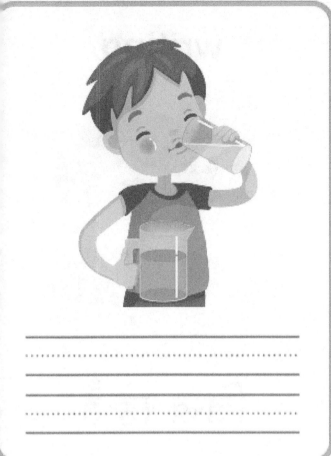

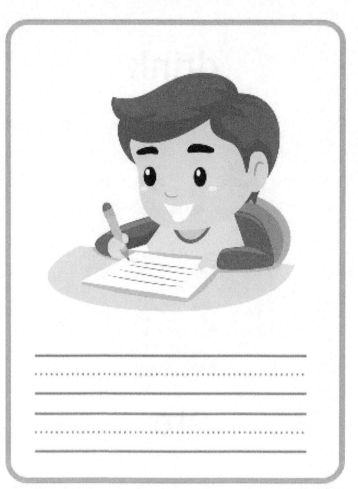

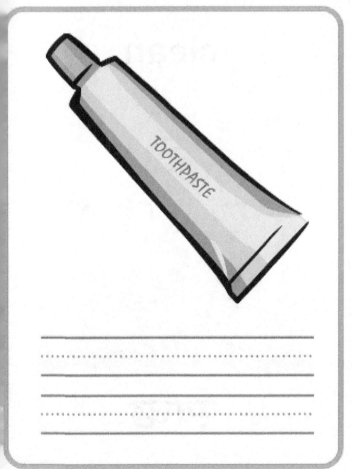

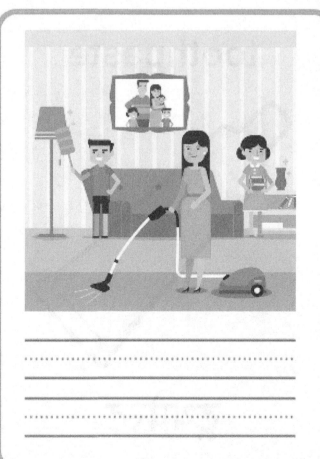

drink

पेय

writing

लिख रहे हैं

toothpaste

ट्रूथपेस्ट

clean

स्वच्छ

SCHOOL BUS

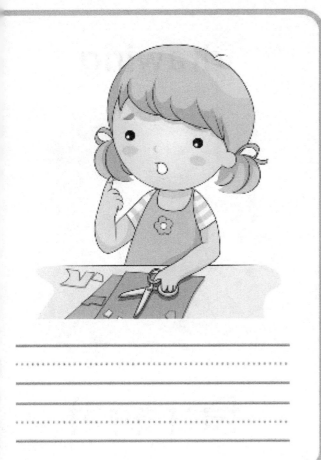

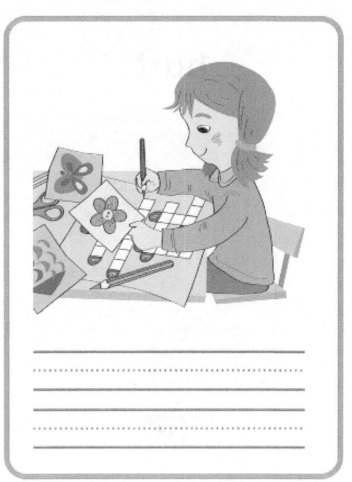

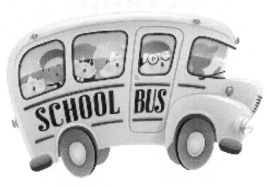

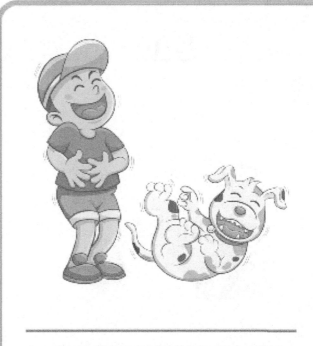

hurt

चोट

drawing

चि त्र का री

bus

बस

laugh

हसना

bedroom

शयनकक्ष

pillow

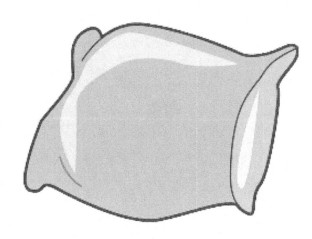

तकिया

sleepy

निद्रालु

wake up

उठो

working

काम कर रहे

presents

पेश करता है

piano

पियानो

durian

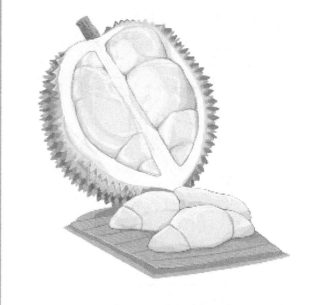

durian

....
_____
_____
....

....
_____
_____
....

....
_____
_____
....

....
_____
_____
....

medicine

दवा

climbing

चढ़ना

bone

हड्डी

riding

सवारी

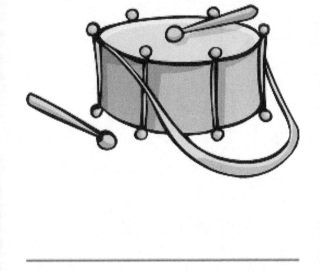

swimming	dressing

तैराकी	ड्रेसिंग
drum	playground

ढोल	खेल का मैदान

suitcase

सूटकेस

doctor

चिकित्सक

hug

झप्पीं

math

गणित

soccer

फुटबॉल

love

मोहब्बत

brother

भाई

question

सवाल

ironing	sick

इस्त्री	बीमार

sister	hair

बहन	बाल

homework	bicycle

घर का पाठ	साइकिल

cherry	banana
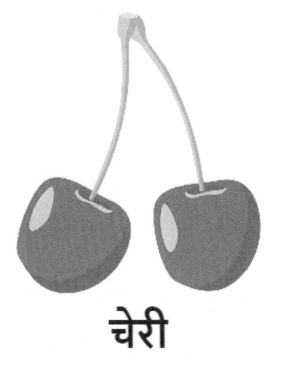	
चेरी	केला

train  रेल गाडी	**truck** 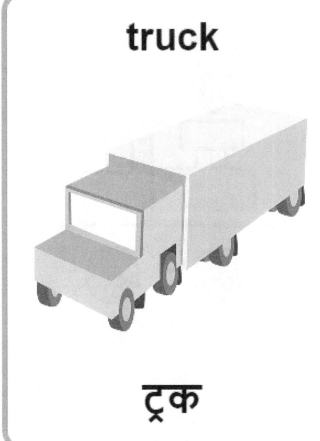 ट्रक
strawberry  स्ट्रॉबेरी	**pineapple**  अनानास

Made in the USA
Las Vegas, NV
02 June 2024

90618915R00063